# The Secret Tea Society and Other Stories: Bilingual Swedish-English Short Stories for Swedish Language Learners

Coledown Bilingual Books

Published by Coledown Bilingual Books, 2023.

While every precaution has been taken in the preparation of this book, the publisher assumes no responsibility for errors or omissions, or for damages resulting from the use of the information contained herein.

THE SECRET TEA SOCIETY AND OTHER STORIES: BILINGUAL SWEDISH-ENGLISH SHORT STORIES FOR SWEDISH LANGUAGE LEARNERS

**First edition. September 22, 2023.**

Copyright © 2023 Coledown Bilingual Books.

ISBN: 979-8215368909

Written by Coledown Bilingual Books.

# Table of Contents

# Det Hemliga Te-sällskapet

Litet fiskesamhälle, som låg inbäddat längs Sveriges pittoreska kustlinje, var en plats där inget var vad det verkade vara. I skenet av den skiftande himlen, omgiven av det böljande havet, fanns en hemlighet som vävde samman invånarna i en underbar och mystisk vänskap. Det var en plats där människor lärde sig att njuta av livets enkla glädjeämnen, och där varje dag var en ny berättelse att utforska.

Möt Agnes Svensson, en äldre dam med silvervitt hår och gnistrande ögon, som ägde det lilla tehuset längst ner vid hamnen. Hon hade bott i Liten By hela sitt liv och kände varje vinkling av dess smala gränder. Agnes var inte bara känd för att servera det bästa teet i staden, utan också för sin förmåga att lyssna och dela livets visdom med alla som besökte henne.

En dag steg en nyinflyttad man vid namn Erik Johansson av båten. Med sin kappsäck i ena handen och ett förlorat uttryck i ögonen verkade han vilse i det lilla samhället. Agnes såg genast att han behövde någon att prata med och bjöd in honom till sitt tehus. Där, omgiven av doften av nybryggt te och ljudet av vågorna som smattrade mot stranden, började deras vänskap sakta växa.

Erik delade med sig av sin resa och berättade om sitt sökande efter något meningsfullt i livet. Agnes, som hade en förmåga att finna glädje i det lilla, föreslog att de skulle starta ett hemligt te-sällskap. De skulle träffas varje vecka för att dela berättelser, dricka te och utforska hemligheter som lurade bakom varje hörn av Liten By.

Te-sällskapet växte snabbt, och snart hade det blivit en oskiljaktig del av Liten Bys liv. Varje medlem hade sin egen historia att berätta och sin egen hemlighet att avslöja. Det visade sig att många av invånarna bar på drömmar, längtan och förhoppningar som de aldrig vågat dela med någon tidigare.

Möt Lisa, en ung konstnär som hade förlorat tron på sin egen talang tills hon anslöt sig till te-sällskapet och fann modet att måla igen. Eller Tomas, en ensam båtbyggare som hade en dröm om att segla över världens hav, en dröm han nu vågade följa med stöd från sina nya vänner.

I skuggan av det hemliga te-sällskapet blommade Liten By på ett sätt som ingen hade kunnat förutse. Agnes och Erik, två människor med olika livserfarenheter, hade lyckats skapa en gemenskap som visade hur det enkla och vardagliga kunde bli extraordinärt när det delades med hjärtat.

Berättelsen om det hemliga te-sällskapet i Liten By är en historia om vänskap, hopp och möjligheten att hitta magi i det vardagliga. Det är en påminnelse om att vi alla bär på hemligheter och drömmar som förtjänar att bli delade och upplevda tillsammans med andra. I Liten By visste man att det var i de små ögonblicken av gemenskap som livets största skatter fanns att finna.

# The Secret Tea Society

A small fishing village nestled along Sweden's picturesque coastline was a place where nothing was as it seemed. In the glow of the shifting skies, surrounded by the rolling sea, a secret wove together the inhabitants in a wonderful and mysterious friendship. It was a place where people learned to savor life's simple joys, and where each day was a new story to explore.

Meet Agnes Svensson, an elderly lady with silver-white hair and sparkling eyes, who owned the small tea house down by the harbor. She had lived in Little Harbor all her life and knew every twist and turn of its narrow alleys. Agnes was not only renowned for serving the best tea in town but also for her ability to listen and share life's wisdom with all who visited her.

One day, a newcomer named Erik Johansson stepped off the boat. With his suitcase in one hand and a lost look in his eyes, he appeared adrift in the small community. Agnes immediately saw that he needed someone to talk to and invited him into her tea house. There, surrounded by the scent of freshly brewed tea and the sound of waves lapping at the shore, their friendship began to slowly grow.

Erik shared his journey and talked about his quest for something meaningful in life. Agnes, who had a knack for finding joy in the little things, suggested that they start a secret tea society. They would meet weekly to share stories, drink tea, and explore the secrets lurking around every corner of Little Harbor.

The tea society quickly grew, and soon it had become an integral part of life in Little Harbor. Each member had their own story to tell and their own secret to reveal. It turned out that many of the residents harbored dreams, yearnings, and hopes they had never dared to share with anyone before.

Meet Lisa, a young artist who had lost faith in her own talent until she joined the tea society and found the courage to paint again. Or Tomas, a solitary boat builder who had a dream of sailing across the world's oceans, a dream he now dared to pursue with the support of his new friends.

In the shadow of the secret tea society, Little Harbor blossomed in a way no one could have foreseen. Agnes and Erik, two people with different life experiences, had managed to create a community that showed how the simple and everyday could become extraordinary when shared from the heart.

The story of the secret tea society in Little Harbor is a tale of friendship, hope, and the possibility of finding magic in the ordinary. It's a reminder that we all carry secrets and dreams that deserve to be shared and experienced together with others. In Little Harbor, they knew that it was in the small moments of togetherness that life's greatest treasures could be found.

# Det Sista Äventyret på Vägen Hem

En regnig höstkväll i den lilla staden Borsta, någonstans i Sverige, satt en man vid namn Anders vid sin favoritkafé, Cafe Aurora. Han hade ett kopp svart kaffe framför sig och stirrade ut på de gråa gatorna genom kaféets fönster. Regndropparna som rann ner på glaset bildade oregelbundna mönster, precis som hans egna tankar.

Anders var en man i medelåldern med grånande hår och trötta ögon. Han hade spenderat större delen av sitt liv på kontoret, fast i en rutin som aldrig tycktes ta slut. Han hade drömmar en gång, om äventyr och utforskande, men de hade nu blivit nedtrampade under bördan av vardagen.

En kväll som denna, när regnet smattrade på trottoarerna och vinden viskade hemligheter, började en äldre man med ett vitt skägg och gnistrande ögon att prata med Anders. Mannen introducerade sig som Herr Gustavsson, och hans leende var så varmt att det lyste upp den gråa kvällen.

"Du verkar vara en man som bär på en massa berättelser," sade Herr Gustavsson med ett hemlighetsfullt leende. "Har du någonsin tänkt att du kanske har ett sista äventyr kvar i dig?"

Anders skrattade. "Jag är nog för gammal för äventyr nu, min vän. Mitt liv är en serie av möten och deadlines."

Herr Gustavsson skakade på huvudet och lade en hand på Anders axel. "Du är aldrig för gammal för äventyr, Anders.

Faktum är att de kan vara precis runt hörnet om du är redo att leta efter dem."

Den tanken stannade hos Anders, som kände att det fanns något i Herr Gustavssons ord som tände en gnista av längtan i honom. Han visste att han hade blivit alltför bekväm i sitt liv och hade förlorat kontakten med den drömmare som en gång hade varit en del av honom.

Efter deras möte beslutade Anders att ta en paus från sitt arbete och utforska möjligheten att ha ett sista äventyr. Han bokade en sista-minuten-biljett till Kiruna, den nordligaste staden i Sverige. Han visste knappt något om platsen, men det var just det som lockade honom. Det var som att kasta en tärning och se var han skulle landa.

Kiruna mötte honom med en kylig bris och det kändes som om han hade hamnat i en annan värld. Staden var omgiven av snötäckta berg och skogar och var långt ifrån den trista stadsdelen där han hade bott hela sitt liv. Anders hade enkelt kunnat stanna på sitt hotellrum och kolla på TV, men han insåg att det här var hans chans att utforska och uppleva något nytt.

Han gick runt i staden och pratade med de lokala invånarna. Han besökte en samisk by och lärde sig om deras kultur och traditioner. Han provade lokala rätter och lät sig förtrollas av det norrska köket. Han vandrade i skogen och njöt av tystnaden och skönheten i den svenska naturen.

En dag när han var ute och vandrade i skogen hörde han ett ljud som ledde honom djupare in i träden. Det var en melodi som sjöng av en klar och vacker röst. Anders följde ljudet och snart kom han fram till en glänta där han såg en ung kvinna sittande under ett träd och spelade på en flöjt. Hennes musik var som en trollbindande saga som svepte in honom.

Kvinnan märkte hans närvaro och slutade spela. Hon log mot honom och hälsade honom välkommen. Hennes namn var Elina och hon var en konstnär som hade valt att leva ensam i skogen för att finna inspiration till sina verk. De började prata och snart insåg de att de delade en kärlek till konst och äventyr.

Anders besökte Elina varje dag, och de tillbringade timmar tillsammans med att utforska skogen, spela musik och prata om livet. Det kändes som om de hade känt varandra i evigheter, som om deras möte var ödesbestämt.

En natt, under en klar stjärnhimmel, sa Elina till Anders, "Du vet, vi lever bara en gång, och det är så viktigt att vi följer våra hjärtan och gör det som gör oss lyckliga. Jag tror att du har hittat ditt sista äventyr här hos mig."

Anders nickade och insåg att han hade funnit något som hade saknats i hans liv. Han hade hittat sitt äventyr, och det var inte bara i det vilda norra landskapet eller i mötet med Elina, utan i att våga bryta sig loss från det bekväma och bekanta.

Tiden gick, och Anders och Elina tillbringade månader tillsammans i skogen. De skapade konst tillsammans och utforskade både den yttre världen och de djupaste delarna av sina hjärtan. De lärde sig att äventyr inte behöver vara storslagna resor runt jorden; de kan vara de små ögonblicken av lycka och upptäckt som inträffar när vi vågar följa våra drömmar.

Så en dag, när våren smög sig fram och snön började smälta, kände Anders att det var dags att återvända hem. Han visste att hans tid med Elina hade varit en viktig del av hans liv, men han kände också att det var dags att ta med sig de lärdomar och minnen han hade samlat på sig och dela dem med världen.

Elina förstod hans beslut och sa farväl med en kyss och ett löfte att de alltid skulle ha sina minnen tillsammans. Anders återvände till Borsta, men han hade förändrats. Han hade upptäckt sitt sista äventyr och insåg att livet var för kort för att leva det i rutinens bojor.

Han öppnade en konststudio och började skapa verk som berättade om hans tid i Kiruna och hans möte med Elina. Hans konst blev en hyllning till äventyret och drömmarna som väntade om vi bara vågade följa dem.

Så blev det att Anders fann sitt sista äventyr i det mest oväntade av platser, och det var ett äventyr som förändrade honom för alltid. Han insåg att äventyr kan hittas var som helst, om vi bara är öppna för att leta efter dem. Det var en påminnelse om att livet är en resa som vi själva målar upp, och att varje steg på vägen kan vara ett äventyr om vi vågar ta det.

# The Last Adventure on the Way Home

On a rainy autumn evening in the small town of Borsta, somewhere in Sweden, a man named Anders sat at his favorite café, Cafe Aurora. He had a cup of black coffee in front of him and stared out at the gray streets through the café's window. The raindrops trickling down the glass formed irregular patterns, much like his own thoughts.

Anders was a middle-aged man with graying hair and tired eyes. He had spent most of his life in the office, trapped in a routine that never seemed to end. He once had dreams of adventure and exploration, but they had now been trampled under the weight of everyday life.

On a night like this, with the rain pattering on the sidewalks and the wind whispering secrets, an older man with a white beard and sparkling eyes began to talk to Anders. The man introduced himself as Mr. Gustavsson, and his smile was so warm that it lit up the gray evening.

"You seem like a man who carries a lot of stories," Mr. Gustavsson said with a mysterious smile. "Have you ever thought that you might have one last adventure left in you?"

Anders chuckled. "I'm probably too old for adventures now, my friend. My life is a series of meetings and deadlines."

Mr. Gustavsson shook his head and placed a hand on Anders' shoulder. "You're never too old for adventure, Anders. In fact, they might be just around the corner if you're willing to look for them."

That idea lingered with Anders, who felt that there was something in Mr. Gustavsson's words that ignited a spark of longing in him. He knew he had become too comfortable in his life and had lost touch with the dreamer who had once been a part of him.

After their meeting, Anders decided to take a break from work and explore the possibility of having one last adventure. He booked a last-minute ticket to Kiruna, the northernmost city in Sweden. He knew very little about the place, but that was precisely what attracted him. It was like rolling the dice and seeing where he would land.

Kiruna greeted him with a chilly breeze, and it felt like he had entered a different world. The city was surrounded by snow-capped mountains and forests and was far from the dull neighborhood where he had lived his whole life. Anders could have easily stayed in his hotel room and watched TV, but he realized that this was his chance to explore and experience something new.

He wandered around the town, talking to the local residents. He visited a Sami village and learned about their culture and traditions. He sampled local dishes and was enchanted by the northern cuisine. He hiked in the woods and savored the silence and beauty of the Swedish wilderness.

One day, while out hiking in the forest, he heard a sound that led him deeper into the trees. It was a melody sung by a clear and beautiful voice. Anders followed the sound and soon arrived at a clearing where he saw a young woman sitting under a tree, playing a flute. Her music was like an enchanting tale that enveloped him.

The woman noticed his presence and stopped playing. She smiled at him and welcomed him. Her name was Elina, and she was an artist who had chosen to live alone in the woods to find inspiration for her work. They started talking, and soon they realized that they shared a love for art and adventure.

Anders visited Elina every day, and they spent hours together exploring the forest, playing music, and talking about life. It felt as if they had known each other forever, as if their meeting had been destined.

One night, under a clear starry sky, Elina said to Anders, "You know, we only live once, and it's so important that we follow our hearts and do what makes us happy. I believe you have found your last adventure here with me."

Anders nodded and realized that he had found something that had been missing in his life. He had found his adventure, and it wasn't just in the wild northern landscape or in his meeting with Elina, but in daring to break free from the comfortable and familiar.

Time passed, and Anders and Elina spent months together in the forest. They created art together and explored both the outer world and the deepest parts of their hearts. They learned that adventures don't have to be grand journeys around the world; they can be the small moments of happiness and discovery that occur when we dare to follow our dreams.

So, one day, as spring began to creep in and the snow started to melt, Anders felt it was time to return home. He knew his time with Elina had been an important part of his life, but he also felt that it was time to take the lessons and memories he had gathered and share them with the world.

Elina understood his decision and bid him farewell with a kiss and a promise that they would always have their memories together. Anders returned to Borsta, but he had changed. He had discovered his last adventure in the most unexpected of places, and it was an adventure that had changed him forever. He realized that adventures can be found anywhere, if only we are open to seeking them. It was a reminder that life is a journey we paint for ourselves, and that every step along the way can be an adventure if we dare to take it.

# Den Förtrollade Trädgården

På en liten gård vid namn Solgläntan bodde en kvinna vid namn Linnea. Linnea ägde en trädgård som var vida känd i byn. Folk kom från när och fjärran för att beskåda dess skönhet och prakt. Trädgården var en magisk plats, inte bara på grund av dess blommor och träd, utan också på grund av något som ingen kunde förklara.

Linnea själv hade en förmåga att prata med växter. Hon kunde höra deras viskningar när vinden svepte genom deras blad och förstod deras behov på ett sätt som ingen annan kunde. Det var som om trädgården var levande och svarade på hennes omtanke.

En dag när Linnea var ute och vattnade sina blommor hörde hon en svag röst som kom från en av rosenbuskarna. Rosen sa, "Snälla, hjälp mig. Jag längtar efter att se världen utanför trädgården."

Linnea böjde sig ner och tittade närmare på rosen. "Men du är ju en del av trädgården," svarade hon. "Varför skulle du vilja lämna den?"

Rosen svarade med en sorgsen suck, "Jag har hört berättelser om andra platser och längtar efter äventyr. Jag har blommat här i så många år, och jag tror att det är dags för mig att utforska världen utanför."

Linnea funderade på det en stund och beslutade sedan att hjälpa rosen. Hon grävde upp den med försiktighet och planterade den i en kruka. "Nu kan du få se världen," sa hon och tog med sig rosen in i sitt hus.

Rosen var överväldigad av glädje när den först såg den stora världen utanför trädgården. Den blommade vackrare än någonsin och fylldes med en känsla av äventyr. Tillsammans med Linnea reste rosen till olika platser, från skogar till berg, och upplevde allt som världen hade att erbjuda.

Men efter ett tag började rosen att längta tillbaka till trädgården. Den insåg att det var där den hörde hemma, trots alla äventyr den hade upplevt. Linnea förstod rosen och tog med den tillbaka till Solgläntan.

När rosen återvände till trädgården, märkte Linnea att något förändrades. Alla växter i trädgården verkade ha fått en ny glans, och det var som om trädgården själv hade blomstrat ännu vackrare än tidigare.

Linnea förstod att det var kärleken och äventyret som rosen hade upplevt som hade berikat trädgården. Den hade delat med sig av sina upplevelser till de andra växterna och lärt dem att omfamna världen utanför.

Så fortsatte Linneas trädgård att vara en förtrollad plats, men nu med en extra gnista av äventyr och en förståelse för världen bortom sina egna gränser. Och Linnea visste att det var den magiska kopplingen mellan henne och hennes växter som gjorde trädgården så speciell.

Det var en påminnelse om att ibland kan äventyret finnas precis där du är, om du bara vågar öppna ditt hjärta för det och dela det med dem du älskar. För i trädgårdens förtrollade värld fanns kärlek och äventyr som aldrig tog slut.

15

# The Enchanted Garden

On a small farm named Sunlit Meadow lived a woman named Linnea. Linnea owned a garden that was widely known in the village. People came from near and far to behold its beauty and splendor. The garden was a magical place, not only because of its flowers and trees but also because of something no one could explain.

Linnea herself had the ability to communicate with plants. She could hear their whispers as the wind swept through their leaves and understood their needs in a way no one else could. It was as if the garden was alive and responded to her care.

One day, while Linnea was out watering her flowers, she heard a faint voice coming from one of the rose bushes. The rose said, "Please, help me. I long to see the world beyond the garden."

Linnea bent down and examined the rose more closely. "But you are a part of the garden," she replied. "Why would you want to leave it?"

The rose responded with a wistful sigh, "I've heard tales of other places and yearn for adventure. I've bloomed here for so many years, and I think it's time for me to explore the world beyond."

Linnea pondered this for a moment and then decided to help the rose. She carefully dug it up and planted it in a pot. "Now, you can see the world," she said, taking the rose with her into her house.

The rose was overwhelmed with joy when it first saw the vast world outside the garden. It bloomed more beautifully than ever and was filled with a sense of adventure. Together with Linnea, the rose traveled to different places, from forests to mountains, and experienced everything the world had to offer.

But after a while, the rose began to long for the garden once more. It realized that it belonged there, despite all the adventures it had experienced. Linnea understood the rose's feelings and brought it back to Sunlit Meadow.

When the rose returned to the garden, Linnea noticed that something had changed. All the plants in the garden seemed to have a new glow, and it was as if the garden itself had bloomed even more beautifully than before.

Linnea understood that it was the love and adventure that the rose had experienced that had enriched the garden. It had shared its experiences with the other plants and taught them to embrace the world beyond.

So, Linnea's garden continued to be an enchanted place, but now with an extra spark of adventure and an understanding of the world beyond its borders. And Linnea knew that it was the magical connection between her and her plants that made the garden so special.

It was a reminder that sometimes, adventure can be right where you are, if only you dare to open your heart to it and share it with those you love. For in the enchanted world of the garden, there was love and adventure that never ended.

# Det Otursamma Fisket

I den lilla staden Bölteby låg en sjö som var berömd för sina stora och luriga fiskar. Invånarna i Bölteby hade tävlingar för att se vem som kunde fånga den största fisken varje år, och det var en ära att vinna.

En man vid namn Gösta var ökänd i staden för sitt otursamma fiske. Han hade en båt som hade sett bättre dagar och ett nät som verkade ha en förkärlek för att trassla sig. Varje gång Gösta gick ut för att fiska, hände något konstigt och oturligt.

En solig dag bestämde sig Gösta för att ge sitt fiske en sista chans. Han steg upp tidigt på morgonen, klädde sig i sina mest otursamma kläder (han hade en speciell tröja med hål i och en hatt som varit med om en kattkamp), och gick ner till sjön med sitt otursamma nät och båt.

När Gösta kom ut på sjön, verkade allt gå bra till en början. Solen sken, vattnet var lugnt och fåglarna kvittrade. Men så snart han kastade sitt nät i vattnet, började de otursamma händelserna.

Först fastnade hans krok på hans egna tröja och drog ner honom i vattnet. Han kom upp dränkt som en katt i en regnskur. Sedan trasslade hans nät in sig så illa att det såg ut som en jättestor spindelwebb. Han försökte reda ut det, men ju mer han försökte, desto mer trasslade det in sig.

Med sitt nät som såg ut som en tovad frisyr och sin blöta tröja, bestämde sig Gösta för att ge upp. Han drog upp sitt nät så gott det gick och styrde sin båt mot land. Men precis när han var nästan framme, hände det otänkbara.

En flock änder flög över honom och... ja, du kan gissa vad som hände. Göstas båt blev beströdd med fågelspillning. Han kunde bara skaka på huvudet och undra vad han hade gjort för att förtjäna all denna otur.

När Gösta äntligen nådde land, blev han välkomnad av byns invånare, som hade samlats för att titta på hans fisketur. De brast alla ut i skratt när de såg hans toviga nät, blöta kläder och fågelspillningöverdoserade båt.

"Du har verkligen en talang för att ha otur, Gösta!" skrattade någon.

Gösta kunde inte göra annat än att skratta med dem. Han insåg att hans otursamma fiske ändå hade gett dem något att skratta åt och en historia att berätta för generationer. Och kanske, bara kanske, skulle hans otur äntligen ha tagit slut.

Så, om du någonsin är i Bölteby och ser en man i en trasig tröja och en nättrasslande båt, kom ihåg att det är Gösta, mannen med det otursamma fisket, och han kommer att göra din dag lite roligare med sina äventyr.

# The Unfortunate Fishing Expedition

In the small town of Bölteby, there was a lake famous for its large and cunning fish. The residents of Bölteby held competitions to see who could catch the biggest fish each year, and winning was an honor.

A man named Gösta was infamous in the town for his unlucky fishing endeavors. He had a boat that had seen better days and a net that seemed to have a penchant for tangling itself. Every time Gösta went out to fish, something strange and unfortunate would happen.

One sunny day, Gösta decided to give his fishing one last shot. He woke up early in the morning, dressed in his unluckiest attire (he had a special sweater with holes in it and a hat that had been through a catfight), and headed down to the lake with his jinxed net and boat.

When Gösta got out on the lake, everything seemed fine at first. The sun was shining, the water was calm, and the birds were chirping. But as soon as he cast his net into the water, the unfortunate events began.

First, his hook got caught on his own sweater and pulled him into the water. He resurfaced soaked like a cat caught in a rainstorm. Then his net got tangled so badly that it looked like a giant spiderweb. He tried to untangle it, but the more he tried, the worse it got.

With his net resembling a matted hairstyle and his clothes soaked, Gösta decided to give up. He pulled up his net as best as he could and steered his boat toward the shore. But just when he was almost there, the unthinkable happened.

A flock of ducks flew over him, and... well, you can guess what happened. Gösta's boat was covered in bird droppings. He could only shake his head and wonder what he had done to deserve all this bad luck.

When Gösta finally reached the shore, he was welcomed by the town's residents, who had gathered to watch his fishing expedition. They all burst into laughter when they saw his tangled net, wet clothes, and bird droppings-covered boat.

"You really have a talent for bad luck, Gösta!" someone exclaimed.

Gösta could do nothing but laugh along with them. He realized that his unfortunate fishing expedition had at least given them something to laugh about and a story to tell for generations. And perhaps, just perhaps, his streak of bad luck had finally come to an end.

So, if you're ever in Bölteby and spot a man in a tattered sweater and a net-entangled boat, remember that it's Gösta, the man with the unlucky fishing adventures, and he'll make your day a little funnier with his misadventures.

# Den Magiska Spelbutiken

---

I hjärtat av den lilla staden Ljusvik fanns en alldeles speciell spelbutik som kallades "Zoltar's Magiska Spel". Det var en butik som var känd för att sälja inte bara vanliga brädspel och kortspel, utan även spel som hade en touch av magi.

Butiken ägdes av en excentrisk man vid namn Zoltar, som hade ett långt vitt skägg och ett par gnistrande ögon som tycktes kunna se in i framtiden. Han påstod sig ha skapats för att sprida glädje genom spel och underhållning.

En dag kom en ung flicka vid namn Emelie till butiken. Hon hade hört talas om dess rykte och var nyfiken på att se vad den hade att erbjuda. När hon klev in genom dörren, möttes hon av en magisk atmosfär. Spel låg staplade på hyllor och bord, och butikens väggar var smyckade med trollstavar och kristallkulor.

Zoltar stod bakom disken och log mot Emelie. "Välkommen till Zoltar's Magiska Spel. Här kan du hitta spel som tar dig på äventyr bortom din fantasi."

Emelie var fascinerad och började utforska butikens utbud. Hon fann brädspel där spelplanen förändrades med varje kast av tärningen och kortspel där korten tycktes ha ett eget liv. Det fanns till och med ett schackspel där pjäserna rörde sig på egen hand.

Till slut stannade Emelie framför en gammal bok som låg i en dammig hylla. Titeln var "Det Förtrollade Sällskapsspelet." När hon öppnade boken, läste hon att det var ett spel som skulle ta henne på ett magiskt äventyr i en fantasivärld.

Emelie beslutade sig för att köpa spelet och bege sig på detta mystiska äventyr. När hon betalade för det, log Zoltar och sa, "Var försiktig, Emelie. Den här boken kommer att ta dig till platser du aldrig har drömt om."

När Emelie kom hem och började spela spelet, insåg hon snart att det var mer än bara ett brädspel. Boken öppnade sig och svepte henne bort till en värld av magi och äventyr. Hon befann sig plötsligt i en skog där träd pratade och alver dansade. Hon träffade fantastiska varelser och upplevde saker som överträffade hennes vildaste drömmar.

Men äventyret var inte alltid enkelt. Emelie ställdes inför utmaningar och faror som tvingade henne att använda sin intelligens och kreativitet för att överleva. Hon lärde sig att lita på sig själv och att tro på sin förmåga att lösa problem.

Efter många spännande äventyr och prövningar lyckades Emelie slutföra spelet och återvände till den vanliga världen. Hon var förändrad, starkare och mer självsäker än någonsin tidigare.

När Emelie besökte Zoltar igen för att återlämna boken, log han nöjt. "Ser du, Emelie, spel kan vara mer än bara underhållning. De kan vara portaler till fantastiska världar och verktyg för att utveckla våra färdigheter och själ."

Emelie tackade Zoltar och sa farväl till den magiska spelbutiken. Men hon bar alltid med sig minnet av sitt äventyr och insikten om att sann magi kan hittas i de mest oväntade platserna.

Och så fortsatte Zoltar's Magiska Spel att vara en plats där
människor kunde utforska fantastiska världar och uppleva magin
i spel. För i Ljusvik visste de att ibland kan det bästa äventyret
börja med att öppna en bok eller slå tärningen.

# The Magical Game Store

In the heart of the small town of Ljusvik, there was a special game store called "Zoltar's Magical Games." It was a store known for selling not only regular board games and card games but also games that had a touch of magic.

The store was owned by an eccentric man named Zoltar, who had a long white beard and a pair of sparkling eyes that seemed to see into the future. He claimed to have been created to spread joy through games and entertainment.

One day, a young girl named Emelie came to the store. She had heard of its reputation and was curious to see what it had to offer. When she walked through the door, she was greeted by a magical atmosphere. Games were stacked on shelves and tables, and the walls of the store were adorned with wands and crystal balls.

Zoltar stood behind the counter, smiling at Emelie. "Welcome to Zoltar's Magical Games. Here, you can find games that will take you on adventures beyond your imagination."

Emelie was fascinated and began to explore the store's offerings. She found board games where the game board changed with every roll of the dice and card games where the cards seemed to have a life of their own. There was even a chess set where the pieces moved on their own.

Eventually, Emelie stopped in front of an old book that sat on a dusty shelf. The title was "The Enchanted Board Game." When she opened the book, she read that it was a game that would take her on a magical adventure in a fantasy world.

Emelie decided to purchase the game and embark on this mysterious adventure. As she paid for it, Zoltar smiled and said, "Be careful, Emelie. This book will take you to places you've never dreamed of."

When Emelie got home and began to play the game, she soon realized that it was more than just a board game. The book opened up and swept her away to a world of magic and adventure. She suddenly found herself in a forest where trees talked, and elves danced. She met fantastical creatures and experienced things that exceeded her wildest dreams.

But the adventure was not always easy. Emelie faced challenges and dangers that forced her to use her wit and creativity to survive. She learned to trust herself and to believe in her ability to solve problems.

After many exciting adventures and trials, Emelie successfully completed the game and returned to the ordinary world. She was changed, stronger, and more confident than ever before.

When Emelie visited Zoltar again to return the book, he smiled contentedly. "You see, Emelie, games can be more than just entertainment. They can be portals to amazing worlds and tools for developing our skills and souls."

Emelie thanked Zoltar and bid farewell to the magical game store. But she always carried with her the memory of her adventure and the realization that true magic can be found in the most unexpected places.

And so, Zoltar's Magical Games continued to be a place where people could explore fantastic worlds and experience the magic of games. In Ljusvik, they knew that sometimes, the best adventure can begin with opening a book or rolling the dice.

# En Oväntad Kärlek

På en pittoresk by vid namn Rosenskog bodde en kvinna vid namn Anna. Hon var en ensamstående mor som arbetade hårt för att försörja sig och sin lilla son, Lukas. Hennes liv var fyllt av rutin och ansvar, och hon hade inte tid för romantik eller kärlek.

En dag, när Anna var ute och handlade på det lilla torget i byn, stötte hon på en man som hon aldrig tidigare hade träffat. Han hette Emil och hade just flyttat till Rosenskog från en annan stad. Han var konstnär och bar alltid med sig en skissbok där han fångade naturens skönhet.

Emil stannade för att beundra Rosenskogs blomsterprakt och började rita några av de vackra blommorna som växte längs vägen. Anna, som hade en passion för trädgårdsskötsel, blev nyfiken på hans konstverk och började prata med honom.

De började träffas ofta, och Emil visade Anna sina konstverk. De gick på långa promenader genom byns grönskande ängar och lärde känna varandra på ett sätt som ingen av dem hade förväntat sig. Trots att de var så olika, fann de en stark koppling mellan sig.

Med tiden började Anna och Emil inse att de hade blivit förälskade i varandra. Det var en kärlek som kom som en överraskning, men som kändes stark och äkta. De delade skratt, drömmar och känslan av att ha funnit någon som förstod dem på ett sätt som ingen annan hade gjort.

Men Anna var rädd. Hon hade varit så fokuserad på att ta hand om Lukas och att göra allt själv att hon tvekade att släppa in någon ny i sitt liv. Emil förstod hennes oro och tog det långsamt, med respekt för hennes ansvar som mamma.

Till slut insåg Anna att kärleken som hade uppstått mellan henne och Emil var något värdefullt. Hon förstod att det inte var fel att vara lycklig och att Lukas skulle ha nytta av att se sin mamma leva ett kärleksfullt liv.

Så, Anna och Emil började bygga sitt liv tillsammans i Rosenskog. De blev en familj, och Lukas tog emot Emil med öppna armar. Kärleken mellan dem växte starkare för varje dag som gick, och de visste att de hade funnit något vackert och oväntat mitt i den lilla byn.

Det var en påminnelse om att kärleken kan komma när vi minst förväntar oss det och att den ibland kan förändra våra liv på de mest underbara sätt. För Anna och Emil var det en kärlekshistoria som började som ett oväntat möte och blev en livslång resa tillsammans.

# An Unexpected Love

In a picturesque village called Rosenskog, there lived a woman named Anna. She was a single mother who worked hard to support herself and her young son, Lukas. Her life was filled with routine and responsibilities, and she had no time for romance or love.

One day, while Anna was out shopping in the small village square, she encountered a man she had never met before. His name was Emil, and he had recently moved to Rosenskog from another city. He was an artist and always carried a sketchbook to capture the beauty of nature.

Emil paused to admire the blooming flowers of Rosenskog and began sketching some of the beautiful blooms that lined the path. Anna, who had a passion for gardening, became curious about his artwork and struck up a conversation with him.

They began to meet frequently, and Emil showed Anna his artwork. They went on long walks through the village's lush meadows and got to know each other in a way neither of them had expected. Despite their differences, they found a strong connection between them.

Over time, Anna and Emil realized that they had fallen in love with each other. It was a love that came as a surprise but felt deep and genuine. They shared laughter, dreams, and the feeling of having found someone who understood them in a way no one else had.

But Anna was afraid. She had been so focused on taking care of Lukas and doing everything herself that she hesitated to let someone new into her life. Emil understood her concerns and took it slow, respecting her responsibilities as a mother.

Eventually, Anna realized that the love that had developed between her and Emil was something precious. She understood that it wasn't wrong to be happy and that Lukas would benefit from seeing his mother living a loving life.

So, Anna and Emil began to build their life together in Rosenskog. They became a family, and Lukas welcomed Emil with open arms. The love between them grew stronger with each passing day, and they knew they had found something beautiful and unexpected in the midst of the small village.

It was a reminder that love can come when we least expect it and that sometimes it can change our lives in the most wonderful ways. For Anna and Emil, it was a love story that began as an unexpected encounter and became a lifelong journey together.

# En Sommarromans i Skärgården

Det var en ljum sommardag i den vackra skärgården. Ön Varbergsholm låg stilla i det glittrande havet, och måsen sjöng sina glada sånger på stranden. Det var en tid då hjärtan kunde slå i takt med vågornas sus och när solen målade himlen i nyanser av orange och rosa vid solnedgången.

På ön bodde en ung kvinna vid namn Isabella. Hon var en konstnär som älskade att måla havets skönhet och skogen som omgav henne. Varje dag gick hon ut med sina staffli och penslar för att försöka fånga naturens under i sitt konstverk.

En eftermiddag, när Isabella satt på stranden och försökte fånga det bländande havet på duken, hörde hon en vacker melodi. Hon vände sig om och såg en ung man med en gitarr, som sjöng en sång som tycktes komma direkt från hjärtat. Hans namn var Elias.

Isabella fascinerades av Elias' musikaliska talang och de känslor han uttryckte i sin sång. När han slutade spela, applåderade hon entusiastiskt och tackade honom för att ha delat sin musik.

Elias, som också hade en kärlek till naturen, blev snart förtjust i Isabellas konstverk. Han var en äventyrare och bad henne om hjälp att utforska skärgården. De började spendera dagarna tillsammans, vandrande genom skogen, seglande på det stilla havet och njutande av varje magisk ögonblick.

Under dessa utflykter delade de sina drömmar och önskningar med varandra. Elias berättade om sitt längtande att spela på stora scener runt om i världen, medan Isabella delade sin önskan att dela sin konst med en bredare publik. De inspirerade varandra att följa sina drömmar.

Sommarveckorna flög förbi, och det blev dags för Elias att återvända till fastlandet för sina musikframträdanden. Isabella skulle fortsätta sin konstnärliga resa på ön. De visste att de skulle sakna varandra, men de lovade att hålla kontakten och stödja varandras mål.

Den sista kvällen på ön, under en färgsprakande solnedgång, stod de hand i hand på stranden. De visste att deras tid tillsammans hade varit en oförglömlig sommarromans, men de kände också att deras kärlek var stark nog att överleva avståndet.

Elias spelade en sista melodi på sin gitarr, och de dansade tillsammans i skymningen. Sedan gav de varandra en öm kyss och lovade att återförenas när sommaren kom tillbaka.

Så gick de åt olika håll, Elias mot musikens värld och Isabella mot sina konstverk. Men de bar med sig minnena av den sommar de hade delat i skärgården och den kärlek som hade växt mellan dem som stark och sann som havet självt.

Och varje gång de längtade efter varandra, visste de att de bara behövde stänga ögonen och lyssna på havets vågor eller spela en av Elias' melodier för att känna sig närmare varandra igen, trots avståndet.

# A Summer Romance in the Archipelago

It was a balmy summer day in the beautiful archipelago. The island of Varbergsholm lay still in the sparkling sea, and seagulls sang their cheerful songs on the beach. It was a time when hearts could beat in tune with the whispers of the waves and when the sun painted the sky in shades of orange and pink at sunset.

On the island lived a young woman named Isabella. She was an artist who loved to paint the beauty of the sea and the surrounding forest. Every day, she ventured out with her easel and brushes, attempting to capture nature's wonders on her canvas.

One afternoon, as Isabella sat on the beach, trying to capture the dazzling sea on her canvas, she heard a beautiful melody. She turned around and saw a young man with a guitar, singing a song that seemed to come straight from the heart. His name was Elias.

Isabella was captivated by Elias's musical talent and the emotions he expressed in his song. When he finished playing, she applauded enthusiastically and thanked him for sharing his music.

Elias, who also had a love for nature, soon became entranced by Isabella's artwork. He was an adventurer and asked for her help in exploring the archipelago. They began to spend their days together, hiking through the forest, sailing on the calm sea, and savoring every magical moment.

During these outings, they shared their dreams and aspirations with each other. Elias spoke of his longing to perform on grand stages around the world, while Isabella shared her desire to share her art with a broader audience. They inspired each other to pursue their dreams.

The summer weeks flew by, and it was time for Elias to return to the mainland for his music performances. Isabella would continue her artistic journey on the island. They knew they would miss each other, but they promised to stay in touch and support each other's goals.

On the last evening on the island, under a dazzling sunset, they stood hand in hand on the beach. They knew that their time together had been an unforgettable summer romance, but they also felt that their love was strong enough to withstand the distance.

Elias played one final tune on his guitar, and they danced together in the twilight. Then they shared a tender kiss and vowed to reunite when summer returned.

So, they went their separate ways, Elias toward the world of music and Isabella toward her artworks. But they carried with them the memories of the summer they had shared in the archipelago and the love that had grown between them, as strong and true as the sea itself.

And every time they longed for each other, they knew that they only had to close their eyes and listen to the waves of the sea or play one of Elias's melodies to feel closer to each other again, despite the distance.

# Operasångerskan

I hjärtat av den pulserande staden Stockholm låg Operahuset, en plats av magnifik skönhet och kulturell glans. Här trädde många begåvade sångare fram på scenen, men bland dem fanns en särskild stjärna, en kvinna vars röst kunde förtrolla själar och vars namn var välkänt över hela staden - Emelie Andersson.

Emelie hade vuxit upp i de pittoreska gränderna i Gamla stan. Hennes barndom hade präglats av musik som flöt genom de öppna fönstren, och hon visste tidigt att hon var född att sjunga. Hennes röst var en gåva från ovan, en röst som kunde beröra hjärtat och få tårar att rinna.

Hon hade tränat i årtionden, studerat under de mest framstående sånglärarna och arbetat hårt för att perfekta sin konst. Nu var hon en av Operahusets mest älskade sångerskor och hade erövrat publikens hjärtan med varje ton hon sjöng.

Men bakom Emelies strålande scenpersona dolde sig en kvinna av enkelhet och ödmjukhet. Hon kunde ha valt att leva ett liv av lyx och extravagans, men istället föredrog hon att vandra genom stadens parker, att sitta på caféer och samtala med människor från alla samhällsskikt.

Emelie kände att musiken var en gåva som skulle delas med alla, oavsett deras bakgrund eller plånbok. Hon älskade att sjunga på offentliga platser, att ge de mindre lyckligt lottade en chans att höra hennes gudomliga röst.

En dag, medan hon satt vid ett café vid Djurgården, mötte Emelie en ung man vid namn Gustav. Han hade alltid drömt om att bli kompositör och arbetade på en låt som han hoppades skulle göra hans namn känt i musikvärlden. När han hörde Emelies röst, visste han att han hade funnit den perfekta sångerskan för sin komposition.

De började arbeta tillsammans, och Gustav skapade en underbar aria som framhävde Emelies röst på bästa sätt. När de framträdde tillsammans på Operahusets scen, var publiken hänförd. Emelie och Gustav blev ett oskiljaktigt team, och de skapade musik som kunde få stjärnorna att glittra på Stockholms himmel.

Men trots all framgång glömde Emelie aldrig sina rötter. Hon fortsatte att sjunga på gatorna och parkerna i staden, att dela sin gåva med alla som ville lyssna. Hon visste att musiken kunde vara en tröst och glädje för dem som behövde det som mest.

Emelies historia blev en inspirationskälla för många i staden. Hon visade att det inte bara handlade om att vara en lysande stjärna på scenen, utan också att vara en kärleksfull och generös människa utanför den. På Operahuset i Stockholm sjöng Emelie inte bara arior, hon sjöng om medmänsklighet och kärlek, och det var den mest vackra musiken av alla.

# The Opera Singer

In the heart of the bustling city of Stockholm lay the Opera House, a place of magnificent beauty and cultural splendor. Here, many talented singers graced the stage, but among them was a special star, a woman whose voice could enchant souls and whose name was well-known throughout the city - Emelie Andersson.

Emelie had grown up in the picturesque alleys of Gamla Stan. Her childhood had been filled with music wafting through open windows, and she knew early on that she was born to sing. Her voice was a gift from above, a voice that could touch hearts and bring tears to the eyes.

She had trained for decades, studied under the most prominent vocal coaches, and worked tirelessly to perfect her craft. Now, she was one of the Opera House's most beloved sopranos, captivating the audience's hearts with every note she sang.

But behind Emelie's radiant stage persona was a woman of simplicity and humility. She could have chosen to live a life of luxury and extravagance, but instead, she preferred to stroll through the city's parks, sit in cafes, and converse with people from all walks of life.

Emelie felt that music was a gift meant to be shared with everyone, regardless of their background or wallet size. She loved to sing in public places, to give the less fortunate a chance to hear her divine voice.

One day, while sitting at a café on Djurgården, Emelie met a young man named Gustav. He had always dreamed of becoming a composer and was working on a song that he hoped would make his name known in the music world. When he heard Emelie's voice, he knew he had found the perfect singer for his composition.

They began to work together, and Gustav created a wonderful aria that showcased Emelie's voice in the best possible way. When they performed together on the stage of the Opera House, the audience was enraptured. Emelie and Gustav became an inseparable team, creating music that could make the stars sparkle in Stockholm's sky.

But despite all their success, Emelie never forgot her roots. She continued to sing on the streets and in the city's parks, sharing her gift with anyone who wanted to listen. She knew that music could be a comfort and joy to those who needed it most.

Emelie's story became an inspiration to many in the city. She showed that it was not just about being a shining star on stage but also about being a loving and generous human being offstage. At the Stockholm Opera House, Emelie didn't just sing arias; she sang about compassion and love, and that was the most beautiful music of all.

# Den Hemliga Kanelbullsreceptet

I den lilla staden Mälarvik, belägen vid kusten av Sveriges vackra sjöar, fanns det en hemlighet som alla invånare delade. Det var ett recept, en ärvd skatt som hade gått från generation till generation, och det handlade om kanelbullar.

I hjärtat av staden låg ett gammalt bageri som ägdes av familjen Andersson. De hade förvaltat receptet i århundraden, och deras kanelbullar var kända i hela staden som de bästa någonsin. Det fanns något magiskt i smaken av deras bullar, en hemlighet som endast de kände till.

Det var en solig eftermiddag när Elsie, en nyinflyttad granne, gick förbi bageriet och fångades av den förföriska doften av nybakade kanelbullar. Hon kunde inte motstå frestelsen att gå in och beställa några bullar.

När hon trädde in i bageriet, möttes hon av en vänlig kvinna vid namn Agneta Andersson. Agneta var ättling till den ursprungliga kreatören av kanelbullsreceptet, och hon bar stolt på traditionen.

"Elsie, du har tur," sa Agneta. "Vi har precis tagit ut en ny sats kanelbullar ur ugnen. Vill du smaka?"

Elsie nickade ivrigt och tog en tugga av den mjuka, kryddiga bullen. Det var som om en smak av himlen hade landat på hennes tunga. Hon kunde inte hjälpa det, men hon suckade av lycka.

"De här är fantastiska," utbrast Elsie. "Vad är ert hemliga recept?"

Agneta skrattade glatt. "Åh, vårt hemliga recept är en familjehemlighet som har gått vidare i generationer. Men om du vill, kan jag ge dig några tips om hur man gör riktigt goda kanelbullar."

Elsie nickade ivrigt och spenderade resten av eftermiddagen med Agneta i bageriet. De två kvinnor delade historier om sina liv och knådade degen tillsammans. Agneta lärde Elsie alla knepen för att göra bullarna mjuka och saftiga, och de två pratade om allt från kärlek till livets små glädjeämnen.

När Elsie gick hem med sin påse fylld av nybakade kanelbullar, var hon tacksam för den vänskap hon hade funnit hos Agneta och för att ha fått lära sig några hemligheter från det berömda receptet.

Sedan den dagen bakade Elsie kanelbullar med glädje och delade dem med sina vänner och grannar. Och i den lilla staden Mälarvik fortsatte familjen Andersson att baka sina berömda kanelbullar och dela med sig av smaken av hemligheter och traditioner som hade gått vidare i generationer. Det var en söt och kryddig berättelse om samhörighet och kärlek, och doften av kanelbullar fyllde alltid luften i Mälarvik.

# The Secret Cinnamon Bun Recipe

In the small town of Mälarvik, located on the shores of Sweden's beautiful lakes, there was a secret that all the residents shared. It was a recipe, a treasured heirloom that had been passed down from generation to generation, and it was all about cinnamon buns.

At the heart of the town was an old bakery owned by the Andersson family. They had preserved the recipe for centuries, and their cinnamon buns were known throughout the town as the best ever. There was something magical in the taste of their buns, a secret known only to them.

One sunny afternoon, Elsie, a newcomer to the neighborhood, passed by the bakery and was captivated by the seductive scent of freshly baked cinnamon buns. She couldn't resist the temptation to go inside and order a few buns.

As she stepped into the bakery, she was greeted by a friendly woman named Agneta Andersson. Agneta was a descendant of the original creator of the cinnamon bun recipe, and she carried the tradition with pride.

"Elsie, you're in luck," Agneta said. "We've just taken out a fresh batch of cinnamon buns from the oven. Would you like to taste?"

Elsie nodded eagerly and took a bite of the soft, spicy bun. It was as if a taste of heaven had landed on her tongue. She couldn't help but sigh with delight.

"These are amazing," Elsie exclaimed. "What's your secret recipe?"

Agneta laughed cheerfully. "Oh, our secret recipe is a family secret passed down through generations. But if you'd like, I can give you some tips on how to make really delicious cinnamon buns."

Elsie nodded eagerly and spent the rest of the afternoon with Agneta in the bakery. The two women shared stories of their lives and kneaded the dough together. Agneta taught Elsie all the tricks to make the buns soft and moist, and they talked about everything from love to life's little joys.

When Elsie went home with her bag filled with freshly baked cinnamon buns, she was grateful for the friendship she had found with Agneta and for having learned some secrets from the famous recipe.

Since that day, Elsie baked cinnamon buns with joy and shared them with her friends and neighbors. And in the small town of Mälarvik, the Andersson family continued to bake their famous cinnamon buns and share the taste of secrets and traditions passed down through generations. It was a sweet and spicy story of togetherness and love, and the scent of cinnamon buns always filled the air in Mälarvik.

# Amerikanska Turisten

Det var en strålande sommardag när Jessica, en ung amerikansk turist, anlände till Stockholm. Hon hade alltid drömt om att besöka Sverige, och nu äntligen var hon här, redo att utforska den vackra huvudstaden.

Jessica hade hört talas om Stockholms charmiga gamla stadsdel, så hon började sin resa där. Hon vandrade längs de kullerstensgatorna i Gamla stan, förtrollad av de färgglada husen och de små butikerna som sålde svensk konst och hantverk. Hon stannade till vid ett café och smakade på den klassiska svenska rätten, köttbullar med lingonsylt, och fann det ljuvligt.

Därefter tog Jessica en båttur i Stockholms skärgård. Hon var imponerad av de hundratals öarna som spred sig över horisonten. Solen glittrade på vattnet, och vinden i håret fick henne att känna sig levande.

Under sin vistelse i Stockholm besökte Jessica också det berömda Vasa-museet. Hon var fascinerad av det välbevarade 1600-talsskeppet Vasa, som hade bärgats från havets botten och nu var ett av stadens mest imponerande sevärdheter.

Men det var inte bara de kända platserna som Jessica älskade. Hon fann glädje i att bara vandra runt i stadens parker och torg, mingla med lokalbefolkningen och försöka prata svenska med hjälp av sin lilla frasbok.

En dag, medan hon utforskade Djurgården, stötte Jessica på en grupp ungdomar som spelade boule i en park. De var glada att låta henne delta och lärde henne de grundläggande reglerna. Trots språkbarriären hade de alla en fantastisk tid tillsammans.

Jessica kände sig mer och mer hemma i Stockholm och började bli vän med många av de människor hon träffade. Hon lärde sig att älska det svenska fikat med kanelbullar och pratade om allt från väder till svenska traditioner.

Innan hon lämnade Stockholm kände Jessica att hon hade upplevt något speciellt. Det var inte bara de vackra sevärdheterna som gjorde intryck på henne, utan också människornas varma och vänliga natur. Hon hade kommit som en turist men hade lämnat staden med nya vänner och minnen som skulle vara med henne för livet.

Så sa Jessica farväl till Stockholm med ett leende på läpparna och en förhoppning om att återvända en dag. För i Stockholm hade hon inte bara funnit en destination att besöka; hon hade funnit en plats i sitt hjärta.

# The American Tourist

It was a radiant summer day when Jessica, a young American tourist, arrived in Stockholm. She had always dreamed of visiting Sweden, and now she was finally here, ready to explore the beautiful capital.

Jessica had heard about Stockholm's charming old town, so she began her journey there. She walked along the cobblestone streets of Gamla Stan, enchanted by the colorful houses and the small shops selling Swedish art and crafts. She stopped at a café and tasted the classic Swedish dish, meatballs with lingonberry sauce, finding it delightful.

Next, Jessica took a boat tour in the Stockholm archipelago. She was impressed by the hundreds of islands spreading across the horizon. The sun glistened on the water, and the wind in her hair made her feel alive.

During her stay in Stockholm, Jessica also visited the famous Vasa Museum. She was fascinated by the well-preserved 17th-century ship Vasa, which had been salvaged from the sea's depths and was now one of the city's most impressive attractions.

But it wasn't just the famous places that Jessica loved. She found joy in just wandering around the city's parks and squares, mingling with the locals, and trying to speak Swedish with the help of her small phrasebook.

One day, while exploring Djurgården, Jessica stumbled upon a group of young people playing boules in a park. They were happy to let her join and taught her the basic rules. Despite the language barrier, they all had a fantastic time together.

Jessica felt more and more at home in Stockholm and began to make friends with many of the people she met. She learned to love the Swedish tradition of fika with cinnamon buns and talked about everything from the weather to Swedish customs.

Before leaving Stockholm, Jessica felt that she had experienced something special. It wasn't just the beautiful sights that left an impression on her, but also the warm and friendly nature of the people. She had come as a tourist but left the city with new friends and memories that would stay with her for life.

So, Jessica bid farewell to Stockholm with a smile on her face and a hope to return one day. For in Stockholm, she hadn't just found a destination to visit; she had found a place in her heart.

# Själens Resa

Det var en vacker höstdag när Emma bestämde sig för att ta en promenad längs stranden. Hon hade alltid älskat havet och tyckte om att låta vågorna och den friska brisen rena hennes tankar.

Som hon vandrade längs stranden kom hon plötsligt över något som fångade hennes uppmärksamhet. Det var en glasflaska som sköljts upp på stranden. Nyfiken plockade hon upp den och märkte att det fanns ett viktigt meddelande inuti.

Med en försiktig öppning av flaskan, drog Emma ut ett gammalt brev. Det var skrivet för länge sedan och adresserat till "Den som hittar detta meddelande." Emma kände sig som om hon hade stött på en skattkista av hemligheter.

Brevet berättade historien om en ensam själ som hade längtat efter att hitta sin plats i världen. Personen hade kastat ut meddelandet i havet, i hopp om att någon skulle förstå deras längtan och ensamhet.

För Emma var detta brev som en spegelbild av hennes egen själ. Hon hade länge känt sig vilsen och sökt efter en meningsfull väg i livet. Hon visste att det var dags att följa sitt hjärta och göra förändringar i sitt liv.

Efter att ha läst brevet satte Emma sig ner på stranden och betraktade havet. Hon insåg att det var dags för henne att ta en liknande resa, en resa in i sitt eget inre för att hitta sitt syfte och sin plats i världen.

Denna dag blev början på Emmas själens resa. Hon beslutade att följa sitt hjärta och söka efter det som verkligen betydde något för henne. Hon visste att det inte skulle vara en enkel väg, men hon var fast besluten att följa sitt inre ljus.

Åren gick, och Emma utforskade olika passioner och intressen. Hon studerade konst, reste till avlägsna platser, och upplevde kärlekens sår och glädjeämnen. Under hela sin resa fortsatte hon att skriva brev som hon kastade ut i havet, och hon hoppades att någon dag skulle någon annan själ hitta ett av hennes meddelanden och känna sig inspirerad.

Till slut fann Emma sitt syfte. Det visade sig vara att hjälpa andra att upptäcka sina egna själar och hitta sin plats i världen. Hon blev en mentor och guide för dem som sökte sin inre sanning och vägledde dem på sina egna själens resor.

Och så fortsatte livets vågor att röra sig som havet, fyllda av möjligheter och äventyr. För Emma hade hon funnit sitt kall och sin plats i världen, och i processen hade hon hjälpt andra att göra detsamma. Det var en resa som började med ett enkelt meddelande i en glasflaska och blev till en livslång utforskning av själens djup och vidd.

# The Journey of the Soul

It was a beautiful autumn day when Emma decided to take a walk along the beach. She had always loved the sea and enjoyed letting the waves and the fresh breeze clear her thoughts.

As she walked along the beach, she suddenly came across something that caught her attention. It was a glass bottle that had washed up on the shore. Curiously, she picked it up and noticed that there was an important message inside.

With a careful opening of the bottle, Emma pulled out an old letter. It had been written long ago and was addressed to "To the one who finds this message." Emma felt as if she had stumbled upon a treasure trove of secrets.

The letter told the story of a lonely soul who had longed to find their place in the world. The person had cast the message into the sea, hoping that someone would understand their longing and loneliness.

For Emma, this letter was like a reflection of her own soul. She had long felt lost and had been searching for a meaningful path in life. She knew it was time to follow her heart and make changes in her life.

After reading the letter, Emma sat down on the beach and gazed at the sea. She realized that it was time for her to embark on a similar journey, a journey into her own inner self to find her purpose and her place in the world.

This day marked the beginning of Emma's journey of the soul. She decided to follow her heart and search for what truly mattered to her. She knew it wouldn't be an easy road, but she was determined to follow her inner light.

Years passed, and Emma explored different passions and interests. She studied art, traveled to distant places, and experienced the highs and lows of love. Throughout her journey, she continued to write letters that she cast into the sea, hoping that someday, another soul would find one of her messages and be inspired.

Eventually, Emma found her purpose. It turned out to be helping others discover their own souls and find their place in the world. She became a mentor and guide for those seeking their inner truth, guiding them on their own journeys of the soul.

And so, life's waves continued to move like the sea, filled with opportunities and adventures. For Emma, she had found her calling and her place in the world, and in the process, she had helped others do the same. It was a journey that began with a simple message in a glass bottle and turned into a lifelong exploration of the depths and expanses of the soul.